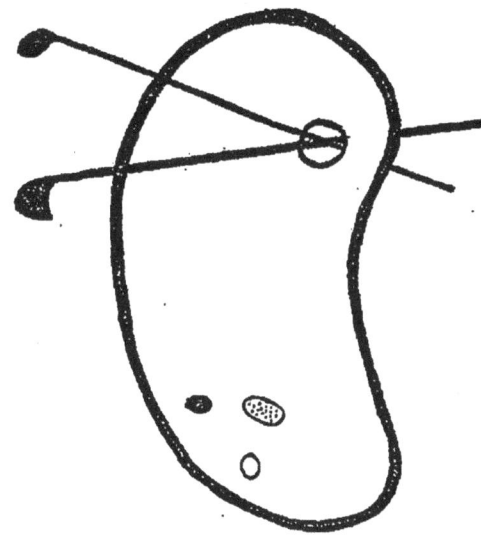

ORIGINAL EN COULEUR
NF Z 43-120-8

Couverture Inférieure manquante

NOTES
SUR LA
VIE DE DESCARTES
ET SUR LE
DISCOURS DE LA MÉTHODE

Par le Dr A. NETTER

(Extrait des *Mémoires de l'Académie de Stanislas.*)

NANCY

IMPRIMERIE BERGER-LEVRAULT ET Cie

18, RUE DES GLACIS, 18

1896

NOTES

SUR LA

VIE DE DESCARTES

ET SUR LE

DISCOURS DE LA MÉTHODE

Par le Dr A. NETTER

(Extrait des *Mémoires de l'Académie de Stanislas*.)

NANCY

IMPRIMERIE BERGER-LEVRAULT ET Cie

18, RUE DES GLACIS, 18

1896

NOTES
SUR LA
VIE DE DESCARTES
ET SUR LE
DISCOURS DE LA MÉTHODE

Par le Dr A. NETTER

L'opinion ayant été émise en ces dernières années que la doctrine de Descartes n'est pas encore connue, du moins dans son ensemble (*Foucher de Careil, Liard*)[1], j'ai été amené par certaines de mes études à m'en occuper aussi ; or, j'ai relevé dans le célèbre ouvrage de Baillet (*La vie de Descartes*, 1691) et aussi dans le *Discours de la Méthode*, maints et maints détails dont l'importance me semble avoir passé inaperçue.

Au collège des Jésuites de la Flèche, arrivé dans la classe des mathématiques supérieures, au lieu de chercher à se perfectionner comme ses camarades dans les deux branches alors séparées, géométrie, algèbre, Des-

---

1. *Œuvres inédites de Descartes*, par Foucher de Careil, 1858. — *Descartes*, par Louis Liard, 1882.

cartes concentra son attention sur l'analyse dite des *Anciens*, méthode qu'on ne connaissait plus que de nom. Une autre de ses préoccupations avait porté sur le contraste entre l'incertitude de tout ce qu'on lui avait enseigné en philosophie et la certitude absolue des mathématiques ; est-ce qu'en philosophie ses maîtres n'avaient donc pas également raisonné par syllogismes ? Pourquoi alors l'incertitude d'un côté, et de l'autre la certitude absolue ? « *Je me plaisais surtout aux mathématiques à cause de la certitude et de l'évidence de leurs raisons, mais je m'étonnai de ce que, leurs fondements étant si fermes et si solides, on n'avait rien bâti dessus de plus relevé.* »

Ce sont ces considérations qui l'ont engagé dans la carrière qu'il va parcourir.

Sorti du collège en 1612, à l'âge de 16 ans, il revint dans sa famille, à Rennes, où il passa l'hiver à monter à cheval, à faire des armes, à s'amuser au jeu de paume, exercices en rapport avec sa condition de gentilhomme. Sa famille appartenait à la grande noblesse et lui-même portait le titre de seigneur du Perron. Vers le printemps, il fut envoyé à Paris, accompagné d'un valet de chambre et de laquais. Il s'y lia avec des jeunes gens de son âge qui l'entraînèrent aux plaisirs mondains. Cela dura une année au bout de laquelle il alla se réfugier dans un faubourg ; il avait abandonné ses camarades du jour au lendemain en leur laissant ignorer sa demeure. Il sortait peu, et quand il se trouvait dehors, il prenait les plus grandes précautions contre toute rencontre avec ceux dont il avait suivi le mauvais exemple. Ah ! si à Rennes sa famille avait pu se douter qu'un jour René, seigneur du Perron, dérogerait au point de se choisir une carrière d'études au lieu de briguer quelque charge à la Cour ou de se distinguer dans l'armée, elle l'eût rappelé incontinent ; est-ce que plus tard, lorsqu'il aura déjà acquis sa grande célébrité, il ne sera pas considéré par les siens comme étant la honte de sa race ?

Et maintenant je crois pouvoir dire que c'est durant cet isolement dans un faubourg que tout jeune homme il a fait sa grande découverte en mathématiques. Cherchant sans doute la solution de quelque problème difficile de géométrie, et s'étant perdu à plusieurs reprises dans la complexité des lignes tracées en une même figure, il se sera laissé aller à noter avec des signes algébriques les constatations auxquelles il arrivait successivement. La solution aura été alors trouvée si rapidement que, surpris, étonné du prompt succès, l'idée lui sera venue que l'analyse des anciens s'était établie de la même manière, avec des procédés tirés de l'arithmétique. Que Descartes soit arrivé à sa découverte ainsi ou autrement, peu importe ; ce qui est certain, c'est qu'il l'a faite durant cette retraite de trois ans, ce dont on aura tout de suite une première preuve.

En 1617, il quitte sa retraite pour s'en aller dans les Pays-Bas servir dans les troupes de Maurice de Nassau, mais en qualité de volontaire, conséquemment assez libre de sa personne et pouvant frayer avec les mathématiciens et ingénieurs qu'il rencontrera dans ses pérégrinations militaires. Parti en 1617, il se trouvera l'année suivante dans la petite ville de Bréda. Un jour, dans la rue, voyant les passants se détourner de leur chemin pour lire une affiche, il y alla aussi, mais ne comprenant pas encore la langue flamande, il dut prier une des personnes présentes de le renseigner. Le hasard voulut qu'il s'était adressé à Beckmann, mathématicien. Celui-ci lui dit qu'il s'agissait d'un problème de géométrie proposé par un inconnu. — Veuillez m'en donner l'énoncé. — Je le veux bien, si vous promettez de m'en apporter la solution. — Je m'y engage, telle fut la réponse. — Surpris de cette assurance chez un cadet, Beckmann le fut bien davantage le lendemain en voyant arriver le jeune homme avec la solution. Baillet raconte longuement cette historiette qu'il termine ainsi : « Descartes « avait trouvé la solution *avec les règles de sa méthode* « comme avec une pierre de touche[1]. » Il avait donc inventé la méthode avant d'avoir quitté sa retraite, ce qui du reste ressortira pleinement de tout ce qui va suivre.

Ayant passé des Pays-Bas en Allemagne, il se trouva l'année suivante, 1619, à l'âge de 23 ans, à Ulm où, durant un quartier d'hiver, il eut tout le loisir de s'entretenir de ses pensées. On connaît celles-ci par l'exposé qu'il en a fait dans la deuxième partie du *Discours*. Or, elles se résument, malgré leur longueur, en ces quelques propositions : on ne peut pas demander aux scolastiques qu'ils abandonnent leurs manières de voir dans les sciences et en philosophie pour adopter quelque doctrine toute nouvelle, pas plus qu'on ne peut demander aux édiles d'une ville irrégulièrement bâtie de la démolir pour la remplacer par une autre tirée au cordeau. Mais il m'est bien permis, à moi, de réformer mes propres pensées

---

1. Voir aussi *Éloge de Descartes*, par Thomas, notes.

en me laissant guider par la méthode que j'ai inventée. « *J'avais un peu étudié, étant plus jeune* (présentement « il n'a que 23 ans), *entre les parties de la philosophie,* « *à la logique, entre les mathématiques, à l'analyse des* « *géomètres et à l'algèbre : trois arts ou sciences qui sem-* « *blaient devoir contribuer quelque chose à mon dessein.* » Et ce dessein était de réformer l'enseignement tout entier. En quoi a donc consisté la nouveauté de cette méthode trouvée par lui alors qu'il était tout jeune ? Je crois avoir compris la chose de la simple manière que voici. A l'époque de Descartes, la méthode suivie en arithmétique et en algèbre d'une part, et celle d'autre part en géométrie étaient considérées par les mathématiciens comme deux méthodes radicalement distinctes. Non, a pensé Descartes, les deux se fondent en une seule, attendu que dans l'une et dans l'autre il ne s'agit que de rapports ou de proportions soit entre quantités, soit entre grandeurs. Disons encore que l'application de cette méthode générale exigeait deux opérations successives, une première dite *analyse,* une seconde dite *synthèse.* Exemples : en arithmétique, dans l'opération de la division, on examine d'abord combien de fois le diviseur est contenu dans *une des parties du dividende,* puis dans une autre et ainsi de suite. On a donc décomposé le dividende dans un but d'*analyse,* et le quotient étant trouvé, la preuve se trouve être une *synthèse,* reproduction du dividende à l'aide d'une multiplication, tout comme de nos jours, en chimie, quelque nouvelle substance ayant été analysée, on cherche à vérifier l'exactitude des résultats à l'aide d'une recomposition ou synthèse. — De même, ce me semble, en géométrie : analyse dans le cours de la solution des *problèmes,* synthèse dans les *théorèmes.*

De tout ce qui précède il résulte qu'aucune des découvertes de Descartes n'a été faite par lui à Ulm. Là il s'est uniquement demandé s'il pourrait à lui seul procéder à la rénovation de toutes les branches des connaissances autres que les mathématiques. C'est dans la nuit du 10 novembre 1619 que la grande résolution fut prise et il s'en enthousiasma au point que, durant trois jours, il eut des songes effrayants, la fièvre et le délire. Et puis à quelques jours de là il écrivit sur un *Registre de pensées diverses,* document récemment retrouvé, ces lignes extraordinaires : « *Comme un acteur met un masque pour ne pas laisser « voir la rougeur de son front, de même moi qui vais « monter sur le théâtre de ce monde où je n'ai été jus- « qu'ici que spectateur je parais masqué sur la scène.* » Qu'on ne s'y trompe pas. Le masque ne cachera pas l'athéisme dont plus tard quelques-uns l'accuseront ; car, en ces mêmes jours, plein de gratitude pour Dieu qui l'avait si bien inspiré, il fit le vœu d'un pèlerinage à N.-D. de Lorette, vœu qu'il accomplira quatre ans après, durant un voyage en Italie. L'explication des lignes extraites du *Registre des pensées* viendra tout à l'heure. Ayant pris sa détermination, il alla, selon son expression, rouler de nouveau çà et là dans le monde, voulant acquérir l'expérience des hommes et des choses, se défaire surtout de toutes les fausses idées ou préjugés dont inconsciemment son esprit pouvait être imbu, et, comme à cet effet il devait frayer avec des gens de toute condition, nobles, prolétaires, dissidents, sceptiques, athées, il se traça quelques règles générales de conduite dont la première était « *d'obéir aux lois et coutumes de son « pays, retenant constamment la religion en laquelle « Dieu lui a fait la grâce d'être instruit dès son en- « fance* ». Quant à ses autres règles de conduite, on les dirait imitées ou traduites de quelque traité de Sénèque, selon l'expression de M. Vapereau, morale purement philosophique qui lui permettra d'être un jour le directeur de conscience d'une princesse protestante. Il reprend donc ses pérégrinations militaires, et l'année 1621 le trouve en Hongrie, mais à peine arrivé là, il renoncera à la profession des armes et voyagera dès lors tout à fait librement dans presque toutes les régions de notre continent. Durant tous ces déplacements, il a continué à se mettre en rapport avec les mathématiciens et les ingénieurs, résolvant aisément leurs problèmes les plus difficiles et s'amusant de l'étonnement qu'il provoquait avec sa méthode toujours tenue secrète. (Pour ce détail comme pour tous les autres, lire Baillet, *passim*.) On voit partout cela qu'avant de revenir en France il était déjà réputé à l'étranger comme le mathématicien le plus extraordinaire qui ait jamais surgi[1].

De retour, en France, il réside à Paris de 1626 à 1629. Et maintenant, c'est de la physique qu'il s'occupera, de l'optique. C'est maintenant aussi qu'il s'avancera sur la scène du monde avec un masque cachant la rougeur de son front. *Explication*. — D'une part, il vivra au milieu de la noblesse, à la Cour, fréquentant aussi et recevant tous les savants en renom que sa supériorité en mathématiques éblouira de plus en plus. Il avait pris un

---

1. Cf. Thomas, *notes*.

logement chez un M. Le Vasseur, seigneur d'Étioles, et sa célébrité arrivera au point que la maison devint, dit Baillet, « une espèce d'académie attirant une infinité de « gens qui s'introduisaient chez lui à la faveur de ses « amis ». Oui, mais entre temps, il se rendait furtivement, chaque jour, dans l'atelier d'un opticien, et se perfectionnait dans l'art de tailler le verre, frayant lui, seigneur du Perron, avec des ouvriers. On lit dans l'entête d'un des chapitres de Baillet : *Éloge du sieur Férier, excellent ouvrier pour des instruments de mathématiques. Descartes se sert de lui pour se perfectionner dans son art.* Et dans le cours du chapitre, il est dit que Descartes devint un grand maître dans l'art de tailler les verres. Il s'appliqua particulièrement « à former la main de quel-« ques tourneurs ». Quelle accointance pour un gentilhomme! Seuls le P. Mersenne et un seigneur de la cour, Mydorge, savant mathématicien, « son prudent et fidèle ami », connaissaient cette double existence. Que de fois Descartes aura rougi, à la seule pensée de divulgation à la Cour! Lui-même, du reste, n'avait pas perdu le sentiment de son origine aristocratique, à en juger par ces lignes que, plus tard, il écrira dans le *Discours* : « *Mon inclination m'a toujours fait haïr le métier de* « *faire des livres... Je ne me sentais point, grâces à Dieu,* « *de condition qui m'obligeât à faire un métier de la* « *science pour le soulagement de ma fortune.* »

Cette double existence explique aussi ses dires habituels sur ce qu'il appelait *ses loisirs, ses divertissements d'études ;* quel n'aura pas été chaque soir son contentement quand, rentré chez lui, il pouvait méditer tranquillement sur ce qu'il avait vu et fait dans la journée.

Notons encore que si, en 1627, à l'âge de 31 ans, il a été *un grand maître* dans l'art de tailler le verre, forcément les débuts de son apprentissage ont dû remonter à une époque antérieure à ses pérégrinations militaires, conséquemment à ses trois années d'isolement dans un faubourg de Paris, où, sans doute, il aura déjà travaillé dans quelque atelier.

Si Descartes a passé de sa découverte en mathématiques à l'optique, ce ne fut certes pas dans le but de perfectionner des instruments, mais dans celui d'introduire, en cette science, la certitude mathématique. Pourquoi a-t-il choisi cette partie de la physique? C'est qu'à son époque cette branche des connaissances se trouvait déjà enrichie des merveilleux instruments dus à l'art de tailler le verre : loupes connues dans la haute antiquité, lunettes pour les myopes et les presbytes en usage depuis le treizième siècle, prismes en verre avec les couleurs de l'arc en ciel, le télescope récemment inventé par Metius qui, dit Descartes, « *n'avait jamais étudié. A la honte* « *des sciences, cette invention si utile et si admirable n'a* « *premièrement été trouvée que par l'expérience et la* « *fortune. Bien qu'il y ait eu depuis quantité de bons* « *esprits qui ont fort cultivé cette matière, et ont trouvé* « *à son occasion plusieurs choses en optique qui valent* « *mieux que ce que nous en avaient laissé les anciens,* « *toutefois à cause que les inventions un peu malaisées* « *n'arrivent pas à leur dernier degré de perfection du* « *premier coup, il est encore demeuré assez de difficul-* « *tés en celle-ci pour m'engager à en écrire* [1]. »

---

1. *La Dioptrique*, p. 4.

Oui, mais avant d'être arrivé à en écrire, il devait au préalable avoir découvert les lois mathématiques de la réfraction, et pour cela avoir trouvé quelque première vérité du point de vue de laquelle s'expliqueraient tous les faits jusque-là acquis dans les tâtonnements de l'art. Longtemps il avait cherché cette première vérité et ne la trouvant point il allait abandonner l'optique et toutes les sciences objectives quand l'idée lui vint que l'arrivée de la lumière à notre œil impliquait l'existence d'un *mouvement lumineux*. « *La lumière*, dit-il dans sa « *Dioptrique, n'est autre chose dans les corps nommés* « *lumineux qu'un certain mouvement ou une action fort* « *prompte qui passe vers nos yeux par l'entremise de* « *l'air et des autres corps transparents.* » C'est de cet axiome qu'il déduira toute sa dioptrique. « Descartes, « dit M. Liard, conclut que le mouvement lumineux doit « suivre les mêmes lois que le mouvement proprement « dit ; par conséquent (comme Descartes l'a fait remar- « quer), à la rencontre de certains obstacles, les rayons lu- « mineux se réfléchissent comme fait une balle à la rencon- « tre du sol ; ils pénétreront, au contraire, dans les milieux « diaphanes comme la même balle dans un milieu liquide, « ils dévieront alors comme elle de leur direction pri- « mitive, et cette déviation variera suivant la nature du « milieu traversé, etc. » L'axiome est trouvé, et pour fonder la dioptrique, il ne restait plus qu'à appliquer certaines règles mathématiques stipulées dans le *Discours*. C'est ce que Descartes fera dans son fameux traité de la dioptrique.

L'idée d'ériger le mouvement de la lumière en axiome était donc venue bien tardivement à Descartes, puisqu'à défaut d'une vérité première, il avait été sur le point d'abandonner toutes études. Comment cette idée lui est-elle finalement venue? Je n'eusse pas pensé à soulever cette question si dans une de ses lettres à Mersenne, il n'avait pas fait intervenir ici, ô surprise, ses croyances religieuses : « J'estime que tous ceux à qui Dieu a donné « l'usage de la raison sont obligés principalement à le « connaître et à se connaître eux-mêmes, et je vous dirai « que je n'eusse jamais su trouver les fondements de la « physique, si, je ne les eusse cherchés par cette voie. » Selon M. Liard, c'est après coup qu'il pourrait avoir rattaché à ses croyances religieuses son axiome qu'il aura conçu d'abord sur le terrain de la science. Mais, dirai-je, puisque Descartes a affirmé qu'il en a été autrement, ne peut-on pas admettre que, dans l'embarras où il s'est trouvé, il aura prié Dieu de l'inspirer et se rappelant les perfections infinies de Dieu, notamment l'*immutabilité divine* dont il est si souvent question dans ses écrits, il sera arrivé à l'idée opposée de la *mutabilité* de tous les phénomènes de la nature.

De l'optique, Descartes passa aux autres sciences objectives et à la philosophie, mais, pour échapper à l'agitation de la vie parisienne, il quitta furtivement la maison de M. Le Vasseur pour aller se réfugier encore une fois dans un faubourg. Inquiet, son ami le chercha partout et finit par le trouver. L'existence à Paris n'était plus tenable et c'est en Hollande que, cette fois, il ira cacher sa vie. De quoi s'y occupera-t-il tout d'abord? Dans le dernier alinéa de la troisième partie du *Discours*, il y a sa déclaration formelle qu'avant son départ pour la Hollande, 1629, il n'avait pas encore commencé « à

« *chercher les fondements d'aucune philosophie plus cer-*
« *taine que la vulgaire* » et la *quatrième partie* débute
par ces mots : « *Je ne sais si je dois vous entretenir des*
« *premières méditations que j'y ai faites* (dans l'édition
« latine, *postquam huc veni*). » C'est donc bien à tort que
Descartes est si généralement regardé comme ayant été
d'origine un métaphysicien. D'origine, il a été un mathématicien, un logicien et un esprit profondément religieux. Si, avant d'aborder la philosophie, il a toujours
cru à l'existence de Dieu et à celle de notre âme, c'est
en chrétien et non en tant que philosophe. Arrivé dans
les Pays-Bas et « ayant renouvelé devant les autels ses
« anciennes protestations de ne travailler que pour la
« gloire de Dieu et l'utilité du genre humain, il voulut
« commencer ses études par des méditations sur l'exis-
« tence de Dieu et l'immortalité de l'âme ». « *Cette double*
question », a-t-il dit lui-même, « *se doit examiner par la*
« *raison humaine. Les neuf premiers mois que j'ai été*
« *en ce pays, je n'ai travaillé à autre chose, et je pense*
« *avoir trouvé comment on peut démontrer les vérités*
« *métaphysiques d'une façon qui est plus évidente que*
« *les démonstrations de géométrie. Je dis ceci, selon mon*
« *jugement, car je ne sais pas si je le pourrais persua-*
« *der aux autres*[1]. » Les neuf mois écoulés, il revient aux
sciences objectives. Ce sont l'anatomie et la physiologie
qui cette fois l'occuperont. Le gentilhomme se mettra à
disséquer, et entre temps il colligera les observations que
dans le cours de sa vie il a recueillies sur les météores.

Sollicité de publier enfin sa méthode et les résultats

---

1. Lettre à Mersenne, voir Baillet, I, p. 179. et Liard, p. 94.

auxquels elle l'a conduit, il s'y décidera en 1633, et l'ouvrage était prêt pour l'impression quand la nouvelle de la condamnation de Galilée le lui fit supprimer. Le titre en était : *Le Monde ou le Traité de la lumière*, titre de prime abord fort singulier, puisqu'il ne s'agissait plus seulement de l'optique, mais de l'ensemble de la nature extérieure. *Explication*. On se rappelle que la dioptrique avait été déduite par lui du mouvement de la lumière. Mais dire mouvement, n'était-ce pas dire que quelque chose se meut? Or, la lumière, nous arrivant du soleil et des astres instantanément, ou peu s'en faut, doit forcément consister en une matière à la fois extrêmement ténue et extrêmement mobile, matière *subtile* admise aujourd'hui sous le nom d'*éther*. Et puisque chacun des astres rayonne en toutes les directions, il s'ensuit que la matière subtile se trouve partout dans l'espace et aussi qu'elle y est sans cesse en mouvement. Il y a plus. De même que l'air atmosphérique exerce une pression sur notre planète, de même la matière subtile, étant de quantité infinie, doit exercer la sienne sur tous les globes du firmament, et c'est même elle qui déterminerait, règlerait le cours de ceux-ci ainsi que leur rotation. Il y a plus encore. Cette matière subtile pénétrerait dans l'intérieur de tous les objets (chose curieuse, la photographie vient de la surprendre au moment où elle en sort!) Bref, l'axiome *mouvement* a été étendu de l'optique à toutes les autres sciences objectives, et de là le titre de l'ouvrage : *Le Monde ou le Traité de la lumière*. Cependant, si dans l'espace tous les globes célestes tournent, la terre aussi doit tourner. Et voilà la doctrine de Descartes condamnée d'avance avec celle de Galilée et il supprimera l'ouvrage. « *J'avoue*, écrit-il au P. Mersenne, *que si ce « sentiment du mouvement de la terre est faux, tous les « fondements de ma philosophie le sont aussi parce qu'il « se démontre par eux évidemment. Il est tellement lié « avec toutes les parties de mon Traité que je ne l'en « saurais détacher sans rendre le reste tout défectueux... « Toutes les choses que j'expliquai dans mon Traité « dépendaient tellement les unes des autres que c'est assez « pour moi de savoir qu'il y en ait une qui soit fausse « pour me faire connaître que toutes les raisons dont je « me servais n'ont point de force. Quoique je les crusse « appuyées sur des démonstrations très certaines et très « évidentes, je ne voudrais toutefois pour rien au monde « les soutenir contre l'autorité de l'Église*[1]. »

Dès sa jeunesse, il avait pris avec lui-même l'engagement de retenir constamment la religion dans laquelle il était né, et de là sa soumission absolue aux décisions du Saint-Siège. C'est donc à tort qu'on l'a taxé de pusillanimité. Il a été conséquent avec lui-même.

Ce qui me semble caractériser la doctrine de Descartes en ce qui concerne la nature extérieure, c'est la profonde conviction où il a été d'en avoir tout expliqué, absolument tout : « *Donnez-moi de l'espace et de la « matière, et je créerai un monde* », paroles téméraires qui, en physiologie, le feront échouer contre la glande pinéale, prétendu foyer de la matière subtile dans le cerveau. Par contre, il a eu le grand mérite d'avoir démontré le premier qu'il est possible de raisonner dans les sciences objectives tout comme en mathématiques, c'est-

---

1. Baillet, I, p. 246.

à-dire en partant d'axiomes. N'est-ce pas à son exemple que Lavoisier fondera la chimie à l'aide de la formule : « rien ne se perd, rien ne se crée » et M. Berthelot, inaugurant la thermochimie, n'a-t-il pas repris l'axiome cartésien du mouvement.

Nous voici en 1637, et, sur des sollicitations toujours plus pressantes, Descartes se décide à détacher de son *Traité du Monde* la dioptrique, les météores, et, y joignant son *Traité de Géométrie*, il publiera ces trois parties en un volume dans lequel le *Discours de la Méthode* figurera comme Introduction. M'étant occupé jusqu'ici des trois premières parties du *Discours*, j'arrive à la IVe : *Preuves de l'existence de Dieu et de l'âme humaine ou fondements de la métaphysique*. A son dire, ces preuves seraient irréfragables, mais, puisque matérialisme et athéisme règnent aujourd'hui plus que jamais, on se trouve devant le dilemne : ou bien Descartes n'a pas encore été compris, ou bien il s'est trompé en plus ou moins de points. Je crois qu'il y a de l'un et de l'autre.

Hélas! force m'est de montrer tout d'abord que la formule : *cogito, ergo sum*, n'est pas un axiome comparable à ceux de la géométrie. Ceux-ci offrent la particularité que dans chacun d'eux la réciprocité est également vraie. Ne peut-on pas dire indifféremment : *le tout est plus grand qu'une de ses parties* ou bien *la partie d'un tout est plus petite que le tout;* — *la ligne droite est le chemin le plus court*, ou bien *le chemin le plus court est la ligne droite;* — *deux quantités égales chacune à une troisième sont égales entre elles*, et réciproquement, *si une première quantité est égale à une deuxième et celle-*

ci à une troisième, cette dernière est égale à la première. Or, en dehors des mathématiques, il y a aussi certaines vérités évidentes d'elles-mêmes que Descartes a désignées sous le nom de *natures simples* et qui de même, mais sans qu'il en ait fait la remarque, offrent chacune la particularité de la réciprocité. — Exemples par lui allégués : *le repos est le contraire du mouvement. — L'existence est le contraire du néant.* — N'est-ce pas d'une vérité de cette catégorie qu'il se trouve avoir déduit sa dioptrique : *le mouvement de la lumière est une des propriétés de cet agent,* autrement dit, *une des propriétés de la lumière réside dans son mouvement?* Cela étant ainsi, il se trouve que la formule : *je pense, donc je suis* est loin d'être un axiome, puisque l'on ne peut pas dire réciproquement *je suis, donc je pense.* Et c'est de cette formule qu'il a aussitôt tiré son argument touchant la distinction de l'âme d'avec le corps ! Or, si l'on considère l'inconscience chez l'enfant nouveau-né et l'inconscience chez l'adulte, dans les sommeils profonds et en maintes et maintes maladies, la formule perd toute valeur. Est-ce que dans la VIe partie du *Discours,* Descartes n'a pas lui-même fait la remarque que : « *l'esprit dépend si « fort du tempérament et de la disposition des organes « du corps que s'il est possible de trouver quelque moyen « qui rende communément les hommes plus habiles et « plus sages qu'ils ne l'ont été jusques ici, je crois que « c'est dans la médecine* (dans la physiologie) *qu'il faut « le chercher?* » On sait quel a été ici son grand argument. Celui qui est plongé dans une profonde méditation ne pense ni à son corps ni même à l'endroit où il se trouve; mais qu'est-ce que cela comme preuve en faveur d'une existence distincte de l'âme, l'épanchement d'un peu de sang dans le cerveau pouvant avoir les conséquences que chacun sait? A tous égards, la formule se trouve infirmée en tant qu'axiome, et cependant, j'ai hâte de le faire remarquer, si l'on remonte à l'une des étymologies anciennes du mot *cogito*, une vraie formule axiomatique s'ensuit aussitôt. *Explication*. Baillet nous apprend que Descartes, dans ses méditations philosophiques, pensait, se parlait mentalement en latin. Donc, à un moment donné, il s'était dit non pas *je pense, donc je suis*, mais *cogito, ergo sum*, et déjà ainsi l'on comprend comment du mot *cogito*, il a pu arriver d'emblée au mot *sum* (*cogito, cogitans sum, ergo sum*). Mais, l'étymologie la plus naturelle de *cogito* est celle que donne le *Lexicon totius latinitatis Forcellini*. Ce mot est une abréviation de celui de *coagitatio* qui dérive de *cum* et de *agito* : *interior collocutio*, ajoute le *Lexicon*, *quâ sese animus noster alloquitur*. Est-il besoin de faire remarquer que *interior collocutio* se traduit par *parole intérieure*. Dans son ouvrage publié sous ce titre, M. Egger débute par cette ligne : « A tout instant, l'âme parle intérieurement sa pensée. » S'il en est ainsi, la formule axiomatique serait : *pensant, l'homme se parle mentalement*, et réciproquement, *se parlant mentalement, il pense*. Quant aux conséquences à la fois spiritualistes et religieuses de ce nouveau principe, je renvoie à mon livre : *la Parole intérieure et l'âme* [1].

Comme dernière preuve que Descartes s'est trompé,

---

[1]. Victor Egger, *la Parole intérieure*, 1881. — Dr A. Netter, *la Parole intérieure et l'âme*, 1892.

sur la portée de sa formule, il y a l'autre conséquence qu'il en a tirée et sur laquelle il s'est singulièrement illusionné : « *Ayant remarqué qu'il n'y a rien de tout en ceci :* « *je pense, donc je suis, qui m'assure que je dis la vérité,* « *sinon que je vois très clairement que pour penser il* « *faut être, je jugeai que je pouvais prendre pour règle* « *générale que les choses que nous concevons fort clai-* « *rement et fort distinctement sont toutes vraies, mais qu'il* « *y a seulement quelque difficulté* (nonnullam difficulta- « tem) *à bien remarquer quelles sont celles que nous* « *concevons fort distinctement.* » Qu'est-ce à dire ? Il est reconnu aujourd'hui en chimie que les corps simples, c'est-à-dire les corps considérés comme distincts, pourront ne pas l'être demain, et, en histoire naturelle, le ver-à-soie et le papillon sont en apparence deux êtres absolument distincts. Dans les sciences objectives, il n'y a pas quelque difficulté (*nonnullam difficultatem*), mais une immense difficulté à reconnaître ce qui est véritablement distinct. C'est en géométrie que la chose est relativement facile, parce que dans cette partie de nos connaissances tous les mots dont on se sert sont définis rigoureusement, et d'autre part que toutes les propositions qui y sont émises sont simples et par conséquent facilement reconnaissables comme distinctes. On sait qu'il en est tout autrement dans les sciences objectives ; c'est ainsi que relativement à l'âme et au cerveau, si cette question est du domaine de la métaphysique, elle rentre simultanément dans la physiologie, science objective, science conséquemment sujette à toutes les difficultés de la détermination des éléments simples.

J'arrive à la démonstration cartésienne de l'existence

de Dieu, et je suis heureux de pouvoir dire que débarrassée de certaines considérations dont elle est entremêlée, elle apparaît péremptoire. Descartes n'a pas entendu parler de Dieu dans le sens vague de cause première, de premier principe des choses, mais de Dieu dans le sens biblique, Être suprême, « *infini, éternel, immuable, tout-*« *puissant, tout connaissant* » en un mot, absolument parfait, pour mieux dire, infiniment parfait. Voici comment j'ai compris sa démonstration. Supposons qu'au-dessus de nous l'espace ne soit pas infini et l'homme n'aurait jamais eu ici d'autre sentiment que celui de l'espace s'étendant plus ou moins au delà de ce qu'il voit ; en d'autres termes, le sentiment de l'infini de l'espace implique l'existence de cet infini. Il en est absolument de même de la perfection divine infinie. S'il n'existait pas un Être suprême, infiniment parfait, nous pourrions croire à l'existence d'êtres de beaucoup supérieurs à nous, mais ayant plus ou moins de nos passions et de nos faiblesses, tels les dieux de l'Olympe. Bref, s'il n'existait pas un être unique et parfait infiniment, l'homme, pas plus que l'animal, n'eût été capable de recevoir ou d'acquérir cette idée ; « *revenant,* dit Descartes, *à exa-*« *miner l'idée que j'avais d'un être parfait, je trouvai* « *que* l'existence y était comprise, *et que par conséquent* « *il est pour le moins aussi certain que Dieu, qui est cet* « *être si parfait, est ou existe, qu'aucune démonstration* « *de géométrie le saurait être.....* » Cet argument me paraît inattaquable, et ce sont encore les croyances religieuses qui l'ont inspiré, la Bible enseignant aussi que l'homme a été créé à l'image de Dieu ; donc, a dit Descartes, nos idées d'infini et de perfection absolue sont

« *comme les marques imprimées par l'ouvrier sur son*
« *ouvrage.* »

L'automatisme des bêtes. — Avant de s'être occupé d'anatomie, Descartes avait lu et médité la Bible : « Les « envieux de Descartes, dit Baillet, n'ont jamais tant con- « tribué à sa gloire que lorsqu'ils ont voulu le faire pas- « ser pour le plagiaire de *Moyse*. Leurs soupçons n'é- « taient pas si mal fondés, puisqu'il avait fait un com- « mentaire sur le premier chapitre de la Genèse, pour « faire voir la conformité de ses principes avec ceux de « Moyse...[1]. » Et en effet cette concordance est remarquable. D'après la Bible, avant d'avoir reçu le souffle divin, l'homme avait été créé en tant qu'animal, et Descartes : « *Je me contentai de supposer que Dieu formât* « *le corps d'un homme entièrement semblable à l'un des* « *nôtres, sans mettre en lui, au commencement, aucune* « *âme raisonnable ni aucune autre chose pour y servir* « *d'âme végétante ou sensitive...* » C'est dans son traité *Le Monde* qu'il avait émis cette supposition, et il reproduira celle-ci dans la V⁰ partie du *Discours*. La Bible enseignant encore que chez les animaux c'est le sang qui est l'âme, Descartes déniera tout psychisme à ces êtres. Aussi dans ses recherches anatomiques et physiologiques, est-ce de la circulation du sang qu'il s'occupera surtout, car sur les 121 pages dont se compose le *Discours* en sa totalité (*édit. Cousin*), plus de 9 pages se trouvent consacrées à l'appareil du cœur et des vaisseaux. Partant de

---

1. II, p. 544.

là, et si dans la poitrine et l'abdomen tous les organes, sans exception, fonctionnent d'eux-mêmes, automatiquement, pourquoi chez les animaux le cerveau ne pourrait-il pas de même fonctionner automatiquement, le fait se produisant chez l'homme dans les circonstances où notre volonté n'intervient point? Combien il est regrettable que Descartes n'ait pas invoqué à l'appui de sa thèse les mouvements de nos pupilles qui se dilatent et se rétrécissent sans cesse et à notre insu, pour ne laisser entrer dans l'œil qu'une quantité déterminée de lumière en deçà et au delà de laquelle la vision serait défectueuse. Il aurait conclu sans réplique possible que les mouvements automatiques, aujourd'hui dits *réflexes,* sont des phénomènes pouvant offrir tous les caractères de l'intelligence la plus raffinée. Le paradoxe de Descartes a seulement consisté dans la distinction qu'il s'est efforcé d'établir entre notre sensibilité et celle des animaux. Mais n'est-il pas plus excusable que nos princes actuels de la science, ceux-ci proclamant à l'envi l'un de l'autre que toutes nos aptitudes psychiques se retrouvent à quelque degré chez les bêtes, de sorte que le chien aboyant parfois, dit-on, contre la lune, pourrait bien aboyer contre l'infini qui est au delà! C'est la parole, a dit Descartes, il aurait pu dire le *Verbe,* qui nous sépare radicalement des animaux, et jusqu'à preuve du contraire, ce caractère nous reste acquis. Est-ce que l'animal se parle mentalement? Ne vous semble-t-il pas que nos savants actuels devraient examiner à nouveau ce que l'on appelle *l'intelligence des bêtes,* et les philosophes, considérant le fonctionnement des cellules cérébrales dans le jeu des pupilles, ne pas dédaigner ce que j'ai écrit ailleurs sur la part à la fois inconsciente et intelligente du cerveau dans les opérations intellectuelles chez l'homme. Notons que Henri Milne Edwards, tout en ayant professé l'identité absolue de nature des deux intelligences humaine et animale, a écrit au sujet des mouvements réflexes : « Dans nos écoles de physiologie, on présente souvent la « découverte des actions nerveuses réflexes *comme étant* « *de date récente*. Cependant Descartes eut une concep- « tion fort nette des relations qui peuvent s'établir dans « l'organisme, entre une impression nerveuse sensitive « et une influence excito-motrice. » On voit une fois de plus qu'il n'y a plus lieu de rejeter *à priori* la possibilité que chez les animaux tous les mouvements soient de la nature des réflexes.

Remarques sur le Discours *considéré dans son ensemble*. — Descartes qui a osé émettre l'orgueilleuse, hautaine pensée : « *Donnez-moi de l'espace et de la matière, et* « *je créerai un monde* », ne peut pas avoir tenu en grande estime les autres savants et philosophes. En ce qui concerne ses contemporains mathématiciens, nous avons sa déclaration de dédain ; est-ce qu'à leurs plaintes sur l'obscurité de son *Traité de géométrie* il n'a pas répondu au correspondant qui les lui a transmises : « *J'ai omis dans* « *ma géométrie beaucoup de choses…, toutefois je puis* « *assurer que je n'ai rien omis qu'à dessein…; j'avais* « *prévu que certaines gens qui se vantent de savoir tout* « *n'auraient pas manqué de dire que je n'avais rien* « *écrit qu'ils n'eussent su auparavant, si je me fusse* « *rendu assez intelligible pour eux, et je n'aurais pas eu* « *le plaisir*, a-t-il ajouté peu charitablement, *de voir* « *l'incongruité de leurs objections.* » Est-ce dans le *Dis-*

cours, dans les quatre règles qui y sont formulées que les mathématiciens auraient pu s'initier à sa méthode? Écoutez M. Liard : « On dirait que Descartes les propose « moins comme un enseignement que comme une *énigme.* » Comment s'y est-il pris dans le *Discours* pour dérouter les mathématiciens? C'est ce que M. Liard n'a pas recherché et ce que je crois pouvoir montrer. La chose touche au comique. Traitant simultanément des règles de la logique et de celles des mathématiques, que fera Descartes ? Il entremêlera les unes et les autres on ne peut plus malicieusement comme dans ce passage : « *Au lieu* « *de ce grand nombre de préceptes dont la* Logique *est* « *composée, je crus que j'aurai assez des quatre suivants* » et aussitôt après avoir exposé ceux-ci, il continue en ces termes : « *Ces longues chaînes de raison toutes simples* « *et faciles, dont les* géomètres *ont coutume de se servir* « *pour parvenir à leurs plus difficiles démonstrations,* « *etc.* » Qu'on se figure le désappointement des géomètres depuis si longtemps désireux de connaître le secret de la méthode de Descartes, et auxquels il vient communiquer des règles de pure logique en ajoutant que ce sont celles qu'ils suivent habituellement dans la solution de leurs problèmes. Si du moins il avait fait connaître dans le *Discours* ce qu'il dira ultérieurement sur la division de sa méthode dans les deux opérations successives, *analyse* et *synthèse*, peut-être aurait-on vu ce qui à ma connaissance n'a pas encore été remarqué, à savoir que les deux premières des quatre règles sont celles de l'analyse, la troisième celle de la synthèse, la quatrième concernant certains cas particuliers. Mais non, et c'est énigmatiquement qu'il se trouve avoir communiqué sa méthode de solution des problèmes, malice qui ne sera pas la seule du *Discours*[1].

Les scolastiques ne seront pas mieux traités. Ce n'est pas à ceux-ci que le *Discours* est adressé, mais à toute personne sachant lire. C'est au simple bon sens qu'en débutant Descartes fait appel, et pour allécher le lecteur, il annonce qu'il *représentera sa vie comme en un tableau*, et de là le récit si charmant de l'état de son esprit alors qu'il était encore au collège : « *Les langues que l'on y « apprend sont nécessaires pour l'intelligence des livres « anciens, la gentillesse des fables réveille l'esprit, la « lecture de tous les bons livres est une conversation « avec les plus honnêtes gens, la poésie a des délicatesses « et des douceurs très ravissantes, etc., etc.* » Et une fois sorti de la sujétion de ses précepteurs : « *Je quittai « entièrement l'étude des lettres, et me résolvant de ne « chercher plus d'autres sciences que celle qui se pour- « rait trouver en moi-même, ou bien dans le grand livre « du monde, j'employai le reste de ma jeunesse à voya- « ger, à voir des cours et des armées...* »

Qu'est-ce encore à dire ? Et sa retraite préalable durant deux à trois ans dans un faubourg de Paris, d'où vient qu'il n'en fait pas mention ? Pourquoi cette subite lacune dans son autobiographie ? Le voilà parti pour les armées à l'âge de 21 ans, et deux ans après, il nous reparaît à Ulm. Quelles seront ici ses pensées ? La deuxième partie du *Discours* nous les fait connaître : « *L'une des premières « fut que je m'avisai de considérer que souvent il n'y a « pas tant de perfection dans les ouvrages composés de*

---

1. Pour l'explication de la quatrième règle, voir le livre de M. Liard.

« *plusieurs pièces et faits de la main de divers maîtres*
« *qu'en ceux auxquels un seul a travaillé...* » Et jusqu'à
7 pages sont consacrées à cette nouvelle dissertation littéraire. Cependant force lui est enfin de parler de sa
méthode, et notre vieillard de 23 ans débutera par ces
lignes : « *J'avais un peu étudié, étant plus jeune, à la*
« *logique, à l'analyse des géomètres et à l'algèbre...* »
Cette fois, il fera connaître sa méthode, mais de l'obscure
manière signalée plus haut. Puis viennent immédiatement une dizaine de pages sur la morale par provision.
Qu'on veuille bien relire les trois premières parties du
Discours, et je crois qu'en présence de l'énorme disproportion qui s'y remarque entre ce que j'appellerai les
trois hors-d'œuvre et l'œuvre proprement dite, on reconnaîtra que l'intention de Descartes a été de redoubler, d'aiguiser avec ses dissertations littéraires prolongées outre
mesure l'impatience des mathématiciens et des scolastiques depuis si longtemps intrigués par le secret de sa
méthode. Il s'en faut toutefois qu'en ces dissertations
tout soit superflu, la méthode de Descartes n'ayant pas
seulement consisté dans celle des mathématiques et dans
l'application de celle-ci aux autres branches des connaissances ; car, dans cette méthode générale, s'est trouvée
encore incluse celle du doute philosophique, hyperbolique même. Ainsi s'explique le titre de la IIIe partie
du *Discours : Quelques règles de la morale* tirées de *cette
méthode.* Il s'agissait, pour Descartes, de se délivrer,
comme déjà il a été dit, des préjugés dont son esprit
pouvait être inconsciemment imbu et desquels il a seulement pu se rendre compte dans des conversations avec
gens de toute condition en France et ailleurs.

Dans la IVe partie du *Discours*, l'obscurité de la preuve ci-dessus analysée de l'existence de Dieu, cette obscurité généralement reconnue a encore été voulue, préméditée, mais non plus en tant que malice. Il résulte d'une des lettres de Descartes au P. Mersenne qu'il s'était interdit en principe tout examen de ce qui touchait à la Révélation, et le voici montrant rationnellement l'existence de Dieu dans le sens biblique, Être suprême, infini, éternel, immuable, tout-puissant, tout connaissant. Forcé de tourner la difficulté, il s'exprime en ces termes : « *Si j'eusse été seul et indépendant de tout autre, en sorte « que j'eusse eu de moi-même tout ce peu que je partici- « pais de l'Être parfait, j'eusse pu avoir de moi, par « même raison, tout le surplus que je connaissais me « manquer, et ainsi* être moi-même infini, éternel, im- « muable, tout connaissant, tout-puissant, et enfin avoir « toutes les perfections que je pouvais remarquer être « en Dieu... »

Pourquoi n'avoir pas dit tout simplement que l'homme, créature imparfaite sous tous les rapports, ne peut pas avoir puisé en lui-même l'idée d'une perfection si souveraine, si absolue que rien ne puisse s'y ajouter. La preuve directe qu'il a eu ici la Révélation en vue se constate dans ces autres lignes du même passage : « *Fai- « sant réflexion sur ce que je doutais, et que, par consé- « quent, mon être n'était pas tout parfait, je m'avisai de « chercher d'où j'avais appris à penser à quelque chose « de plus parfait que je n'étais, et je connus évidemment « que ce devait être de quelque nature qui fût, en effet, « plus parfaite.* » Oui, lui ont fait observer les auteurs des *Deuxièmes objections aux Méditations*, mais ne peut-

« on dire que vous avez puisé (cette pensée) dans les dis-
« cours et entretiens de vos amis? etc. »

Réponse de Descartes : « *Je ne vois pas que vous prou-
« viez rien contre moi en disant que j'ai peut-être reçu
« l'idée qui me représente Dieu des pensées que j'ai eues
« auparavant des enseignements des livres et entretiens
« de mes amis, etc., et non pas de mon esprit seul. Car
« mon argument aura toujours la même force si, m'adres-
« sant à ceux de qui l'on dit que je l'ai reçue, je leur
« demande s'ils l'ont par eux-mêmes ou bien par autrui
« ... et je conclurai toujours que celui-là est Dieu de
« qui elle est primitivement dérivée.* » L'obscurité de la
démonstration a donc été voulue, tenant au biais auquel
il a eu recours pour traiter de la Révélation, sans avoir
l'air d'y toucher.

Ve Partie. — Ce que Descartes y a écrit sur la parole
comme attribut distinctif de l'homme est un argument
si puissant qu'aujourd'hui, dans les doctrines opposées,
force est de se rabattre sur les mouvements de queue
chez les chiens, sur les petits cris des singes, sur le
caquetage des poules, sur les mouvements d'antennes
chez les fourmis..... et pour mieux nous rabaisser jusqu'aux animaux, on avance que, dans certaines races
humaines, personne ne peut compter au delà de trois.
Je crois avoir fait justice ailleurs de ces bizarreries.

*VIe Partie : Choses requises pour aller plus avant en
la recherche de la nature.* — Des expériences, voilà ce
que, dans la VIe partie, Descartes a demandé pour aller
plus avant dans les sciences objectives. Il s'est imaginé à
la vérité que nulle expérience ne pourra infirmer en quoi

que ce soit son vaste système, mais, enfin, c'est à la méthode expérimentale qu'il en a appelé.

De l'ensemble de cette étude, je reviens au remarquable fait que si, en optique, Descartes est arrivé à découvrir les lois de la réfraction, c'est parce qu'il s'est astreint à ne raisonner que sur des données absolument certaines (utilité des lunettes, des loupes, du télescope.....) et d'autre part qu'il a cherché et trouvé l'axiome, point de départ de ses raisonnements purement syllogistiques. Cette méthode lui ayant si bien réussi, on doit se demander si aujourd'hui, dans la question bien plus importante de l'homme et de l'animal examinés comparativement, on n'arriverait pas de même à la certitude, en ne raisonnant que sur des données hors de conteste : cellules cérébrales, petits êtres vivants et sensibles — division des nerfs en sensitifs et moteurs — mouvements réflexes pouvant offrir les apparences des mouvements conscients, tout en étant automatiques — résultats de la pratique du dressage, notamment chez les chiens exhibés comme *bêtes savantes* (Munito, caniche jouant aux dominos[1]) — fourmilières créées artificiellement avec des œufs qu'on a laissés éclore en dehors de la présence de toute fourmi vivante et dans lesquelles les fourmis nouveau-nées se comportent d'emblée comme celles des fourmilières naturelles — dans l'espèce humaine,

---

1. Voir Leuret et Gratiolet, *Anatomie comparée du système nerveux*, 1839 ;

— Henri Milne Edwards, *Physiologie et anatomie comparées*, t. I, introduction ;

— A. Netter et F. Musany, *l'Homme et l'animal devant la méthode expérimentale*, pages 41 et 248.

la prodigieuse transformation moderne des sourds de naissance — les résultats de la pratique des suggestions de l'hypnotisme..... La certitude de ces faits tirés de la pratique ou de l'expérimentation n'étant pas contestable, on doit aussi pouvoir les raisonner du point de vue de quelque formule axiomatique. Si celle que j'ai proposée[1], *penser, c'est se parler mentalement,* ne convenait point, il faudrait la remplacer par quelque autre vérité évidente d'elle-même, en se rappelant que l'idée du mouvement lumineux comme axiome n'est venue à l'esprit de Descartes que très tardivement.

---

1. A. Netter, *la Parole intérieure et l'âme.*

www.ingramcontent.com/pod-product-compliance
Lightning Source LLC
Chambersburg PA
CBHW060545050426
42451CB00011B/1809